Vingt ans, c'est magique!
Le Cirque des Étoiles
Memphrémagog

Isabelle Bernier

En collaboration avec l'équipe du Cirque des Étoiles Memphrémagog

Vingt ans, c'est magique! Le Cirque des Étoiles Memphrémagog

Isabelle Bernier

En collaboration avec le Cirque des Étoiles Memphrémagog

isabelleberniconnexion@gmail.com

Illustrations : Isabelle Bernier

Collaboration spéciale, couverture et quatrième de couverture : Dominic Dubuc

Photos : Le Cirque des Étoiles Memphrémagog

Dépôt légal – Bibliothèque et archives nationale du Québec, 2018

ISBN : 978-2-9816809-8-3

Tous droits réservés. Toute reproduction d'un quelconque extrait de ce livre ou de quelque illustration par quelque procédé que ce soit est strictement interdite sans l'autorisation écrite de l'auteure et éditrice.

Magog, Québec

À tous les enfants, petits et grands, artistes et athlètes, qui ont participé et appris du Cirque des Étoiles. Vous avez contribué à sa magie.

Aux parents et bénévoles, aux membres de l'organisation, aux partenaires et à tous ceux qui ont soutenu cette initiative au fil des années. C'est grâce à chacun d'entre vous que le Cirque grandit encore.

Un merci tout aussi magique que le cirque!

Isabelle et l'équipe du Cirque des Étoiles Memphrémagog

Vingt ans, c'est magique!
Le Cirque des Étoiles Memphrémagog

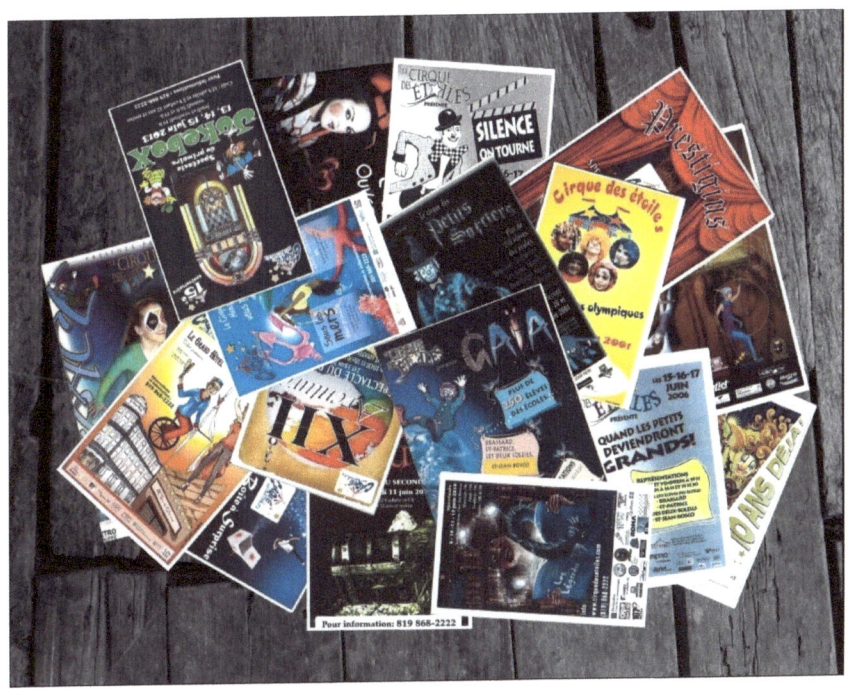

Isabelle Bernier

En collaboration avec l'équipe du Cirque des Étoiles Memphrémagog

LA REPRÉSENTATION

Raphaël et Rose s'étaient déjà croisés. Ils ne s'étaient pas reconnus, mais quelque chose leur semblait familier. Comme si ce quelque chose leur échappait, ils se tenaient là, sous le chapiteau, peut-être à la recherche de souvenirs et à l'affût de nouvelles découvertes.

Raphaël aimait bouger. Il était curieux, vif d'esprit et intéressé par ce qu'il ne connaissait pas. Sa curiosité l'avait ainsi conduit ici.

Rose, quant à elle, aimait créer de toutes sortes de façons, faire du sport et grimper partout. Elle avait eu l'opportunité de se familiariser au cirque et avait touché un peu à tout. Elle préférait, cependant, tout ce qui parlait de hauteur (au cirque, on dit « l'aérien »).

Ils étaient donc réunis, avec une énorme foule, à cet endroit parce qu'un cirque y donnait une représentation.

Les gens et les couleurs du décor qui les entouraient semblaient les fasciner. Sous ce chapiteau, ils s'apprêtaient à vivre un moment tout Cirque, un moment magique.

Parce que le Cirque, pour Raphaël et pour Rose, il respirait cette magie. Comme chacun des artistes qui seraient présents ce soir-là…et bien d'autres soirs aussi. Les représentations de ce cirque avaient lieu un peu partout. De ville en ville, de région en région et même à travers le pays. Les spectateurs se sentaient bien choyés de pouvoir y assister.

Alors que le spectacle allait débuter, chacun d'entre eux se sentait de plus en plus fébrile. Comme les artistes du cirque, ils retenaient leur souffle. Ils espéraient que l'intensité des lumières s'atténue et que le micro annonce le premier numéro.

LE SPECTACLE

Des images défilent. On présente des affiches illustrant les thèmes et les numéros qui ont déjà été offerts par le cirque. Et, tout de go, on entend : « Que le spectacle commence »!

Que le spectacle commence!

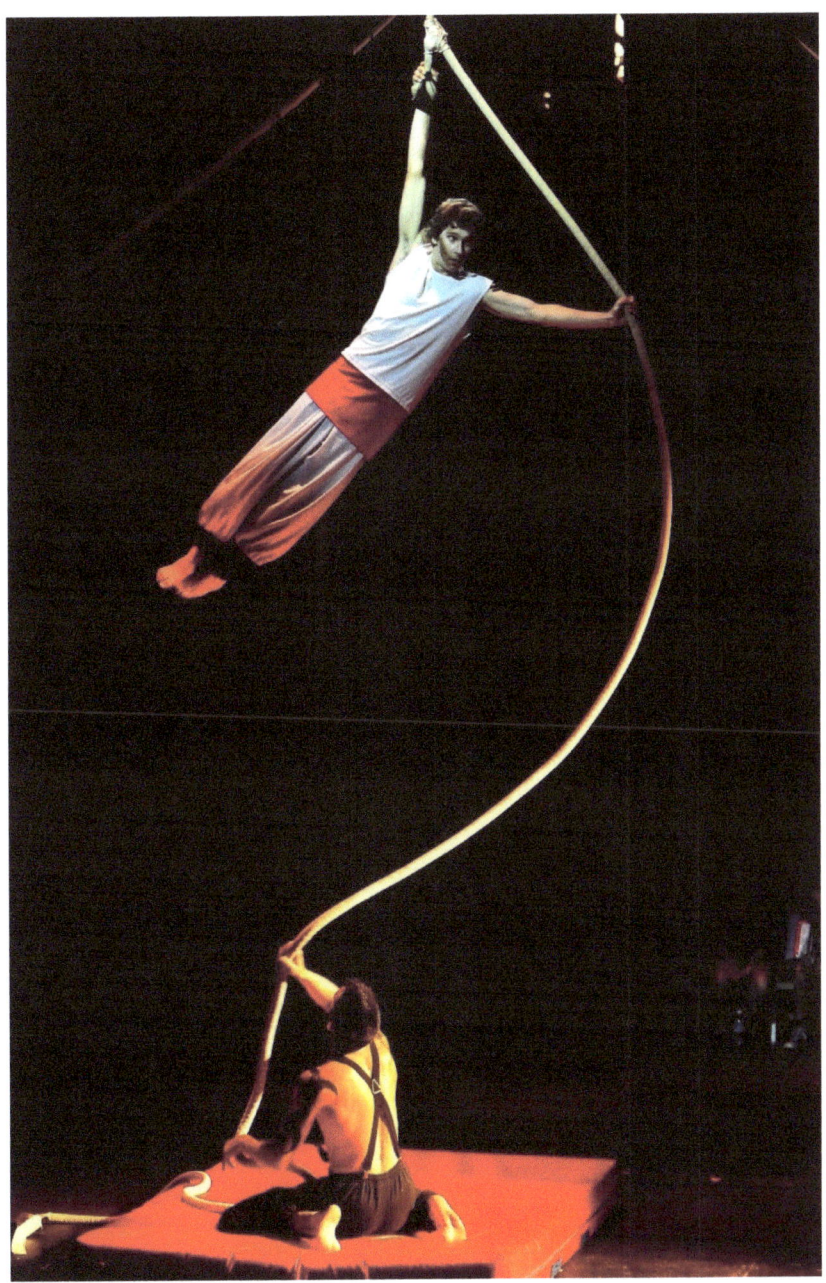

Depuis toujours, les hauteurs impressionnent. Ce qui se trouve en haut peut sembler hors de portée, mystérieux, risqué aussi. C'est comme essayer de rejoindre l'oiseau en plein vol ou encore de capter cet espace où s'épanouit le papillon.

TISSU

Comme une surprise, Raphaël voit que se développent, tout en haut, de grands tissus. Ils sont suspendus depuis le plafond de la charpente. Ces tissus semblent légers et leurs teintes les rend éclatants, dans cet espace, à ce moment.

Une petite troupe s'amène. Les yeux des artistes semblent briller. Le rythme est déjà présent.

Raphaël observe la scène avec beaucoup d'attention. Il a les mains moites. La lumière balaie la salle, puis se pose à nouveau sur ceux qui se préparent à grimper dans les tissus. Tout près, Rose balance la tête et tape du pied, sourire aux lèvres. L'aérien, c'est ce qu'elle préfère.

Les artistes font une file, puis une ronde. Ils gambadent, font la roue et se mettent en position. Alors que certains se déplacent au sol, d'autres saisissent les longs pans de tissu. Ils s'enveloppent, puis montent. Ils font des nœuds, séparent les tissus et se déplacent, habilement, de bas en haut, de haut en bas, d'un côté, puis de l'autre.

Ces nœuds paraissent, à Raphaël, aussi improbables que surprenants. Ils tiennent en place et ils soutiennent ceux et celles qui se balancent dans le tissu comme s'il s'agissait de plumes qui dansent dans le vent. C'est magique.

D'en haut, les artistes saluent la salle et font des cabrioles. Les tissus s'étirent et se tendent.

Les artistes prennent des poses, parfois la tête en haut et d'autres fois la tête en bas. Ils tourbillonnent pour redescendre, suspendus dans le tissu. D'autres se laissent glisser le long de leur tissu, comme délicatement conduits vers le sol. Les yeux toujours accrochés vers le haut, Raphaël se sent émerveillé.

Les artistes prennent des poses

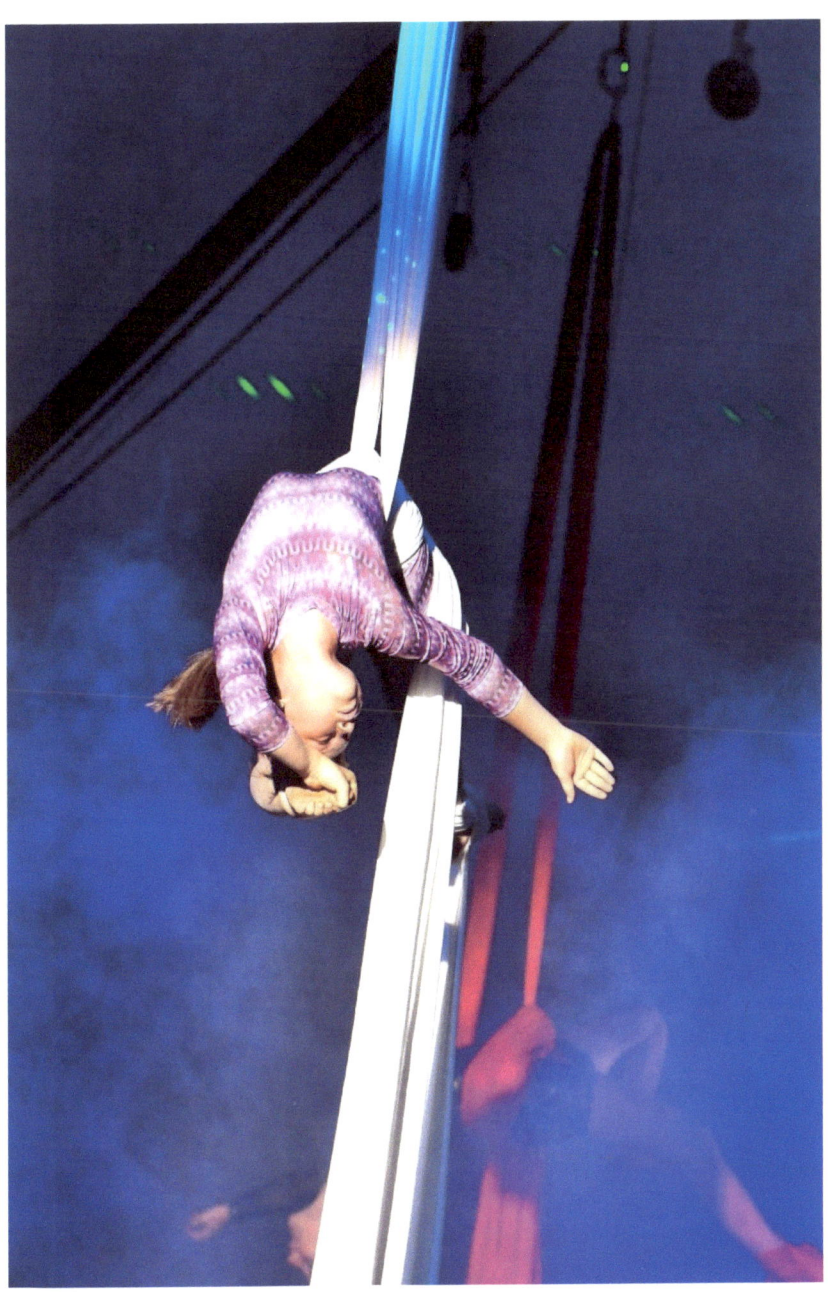

INITIATION

Puis se dessinent, au loin, des ombres. La lumière devient tamisée et les tissus, comme ceux qui s'y tenaient, redescendent. On entend alors un rythme différent. Le décor se transforme légèrement.

 Raphaël a des frissons. Rose cherche à découper la scène des yeux pour voir ce qui se prépare. Comme une surprise, des acrobates surgissent des quatre coins, conduits, on dirait, par une musique qui interpelle autant la foule que ces derniers.

Ils se déplacent avec enthousiasme et leurs sourires sont contagieux.

Leurs sourires sont contagieux

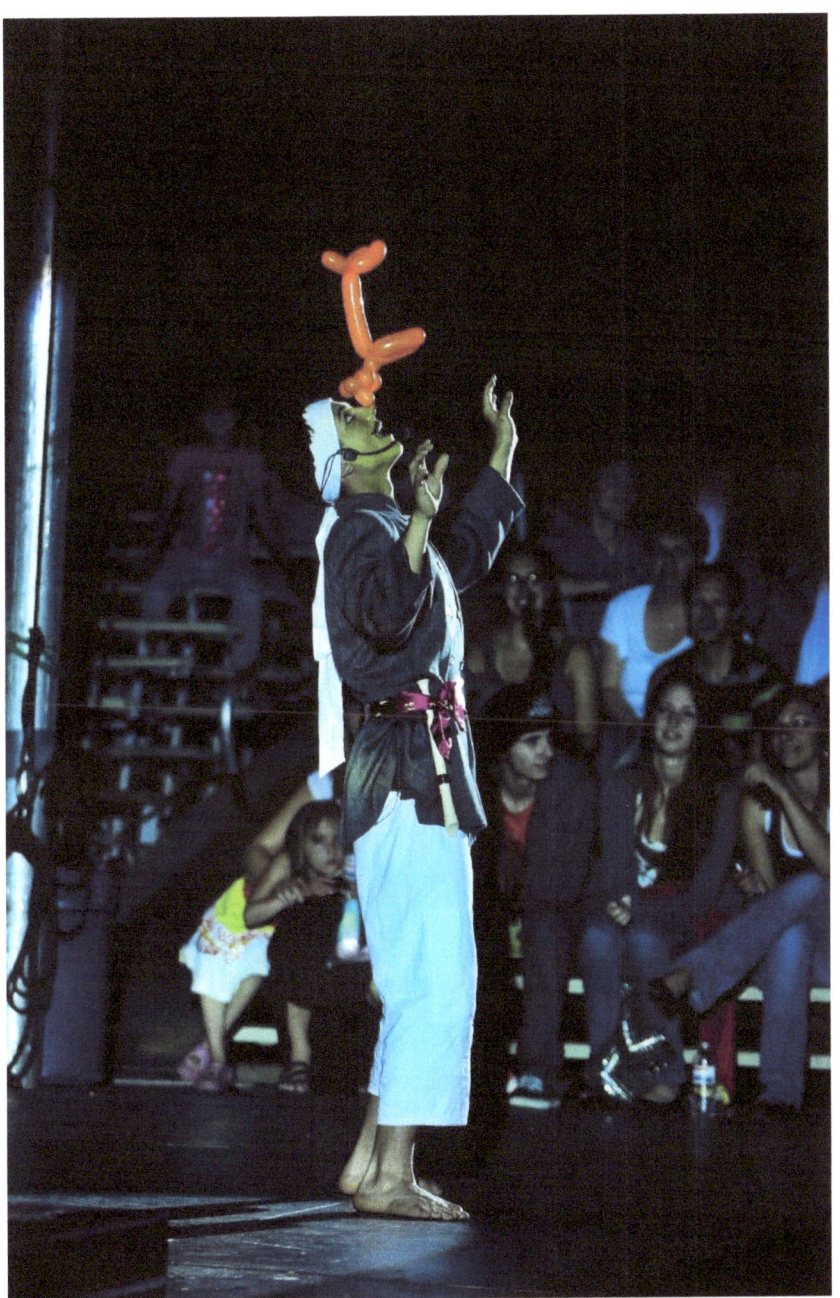

Chacun de leurs gestes semble spontané et empreint d'humour. Puis, comme si un compte à rebours avait été déclenché, ces gestes deviennent de plus en plus drôles, de plus en plus clownesques. Raphaël n'en peut plus : il éclate de rire! Rose, ne tenant plus en place, se met à bondir en tapant des mains. Tout autour, c'est la cacophonie : les rires fusent et éclatent.

Les artistes, colorés de la tête aux pieds, saluent la foule, tournent et retournent, sautent et gigotent, puis, les yeux et le sourire tous deux bien grands, se dirigent vers la sortie…en faisant quelques espiègleries, bien entendu!

Rose semble avoir tellement rit qu'elle en pleure; elle s'essuie les yeux, puis elle relève la tête, intriguée par la musique qui vient de commencer.

Non loin de là, Raphaël cligne des yeux, visiblement impressionné par ce qu'il voit.

TRAPÈZE

Du plafond descendent des trapèzes, ces barres de métal suspendues à des câbles. Dans une ambiance un peu tamisée (la lumière se fait douce par endroits) et au son d'une musique mélodieuse, de nouveaux artistes de cirque font leur entrée.

Ils sont arrivés, sur scène, si discrètement qu'on dirait qu'ils y ont fait leur apparition au moment où les projecteurs de lumière les ont éclairés.

Les mains de Rose – et peut-être celles de ces artistes aussi – sont moites. Rose se sent captivée. C'est aussi le cas de ceux et celles qui l'entourent. Raphaël avait envisagé de se déplacer, mais ce qui se déroule sous ses yeux monopolise son attention.

Le trapèze, ça peut toucher au rêve ou à l'envie de pouvoir se suspendre, ici et là, comme un singe qui ferait de l'équilibre sur une barre, en hauteur. Ça peut être intimidant aussi.

Ici, les acrobates enchaînent les figures avec le sourire et avec concentration. S'accrochant l'un à l'autre, ils semblent créer des chaînes en suspension. Leurs mouvements se prolongent.

La foule apprécie énormément les mouvements et les formes qui se dessinent devant elle, créés par les artistes et leurs trapèzes. Comme un casse-tête, ils se placent et semblent compléter une figure, puis une autre et encore une autre.

Raphaël pense à celui qui se tient tout en haut et se dit qu'il doit se sentir bien libre. Mais ça lui donne aussi un peu le *tourni* (il est étourdi). Parce que le trapèze, vu d'en bas, semble bien haut.

Le regroupement des artistes, sur un même trapèze, annonce la finale de ce numéro. Rose, de son siège, se dit qu'elle aimerait s'envoler avec les acrobates; c'est excitant!

Isabelle et l'équipe du Cirque des Étoiles Memphrémagog

...Sur un même trapèze

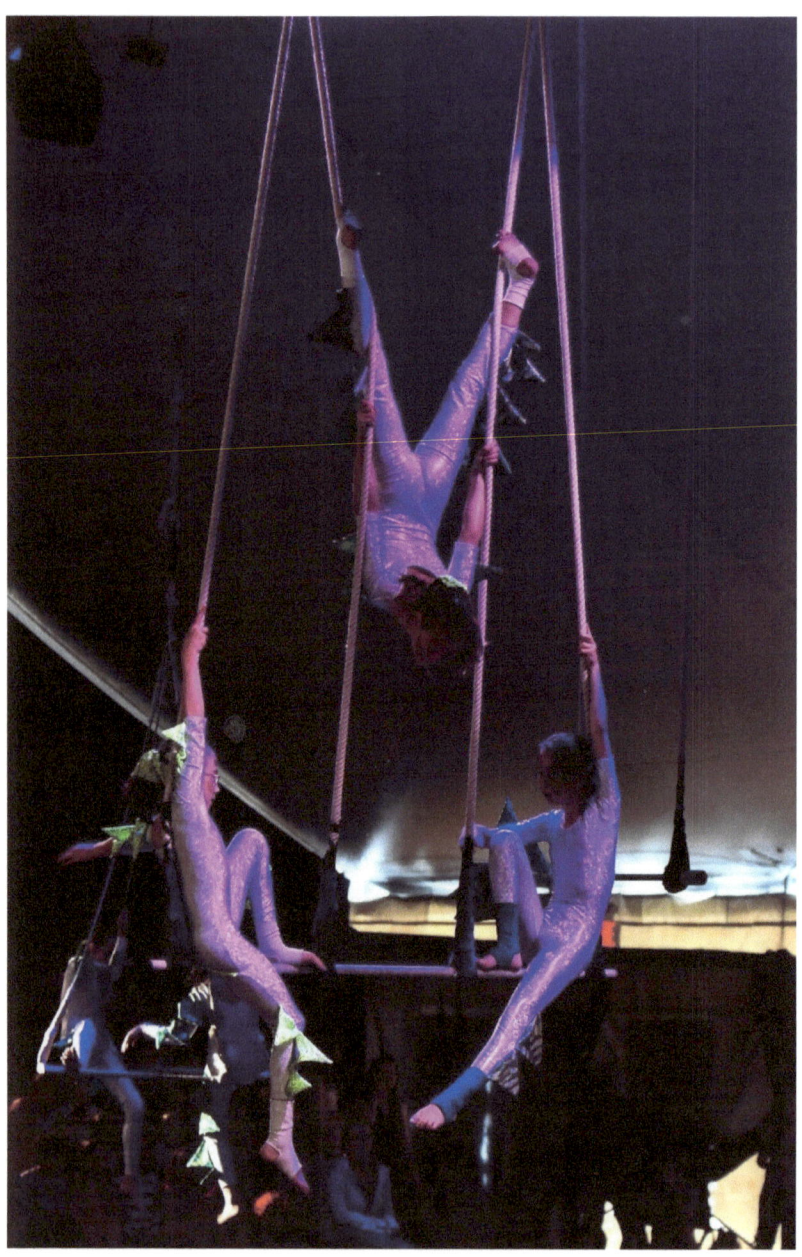

JEUX MULTI

Une transition se fait, subtilement, alors que les lumières et la musique évoluent vers un autre secteur de la scène. La musique est enivrante et l'atmosphère, remplie de cris de joie et de chaleur. Une petite troupe d'acrobates, vêtus de vêtements brillants, entre en scène. Alors que les yeux de tous se promènent de l'un à l'autre, on découvre une panoplie de possibilités mises en mouvement.

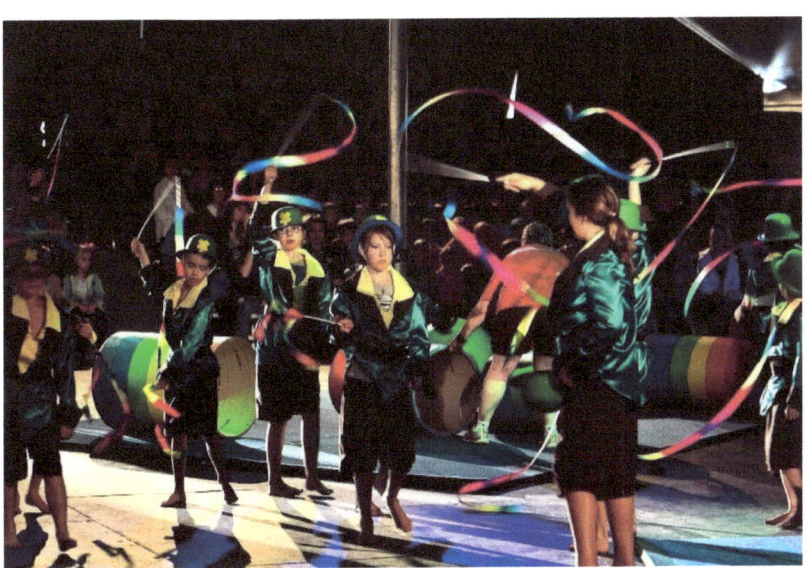

Certains artistes exercent leurs prouesses au sol, alliant contorsions et rythmique. D'autres se déplacent avec des échasses comme s'il s'agissait de leurs vrais pieds. Raphaël en est ébahi!

Alors que fusent les applaudissements, on peut voir des artistes se déplacer habilement sur une poutre, d'autres faire des acrobaties sur des planches qui roulent et d'autres encore exécuter des figures en mains à mains. Le mains à mains, explique Rose à son voisin, est un art : on crée des figures et des mouvements qui exigent beaucoup de confiance et de force. On s'appuie sur l'autre. On crée une forme d'équilibre.

Mains à mains

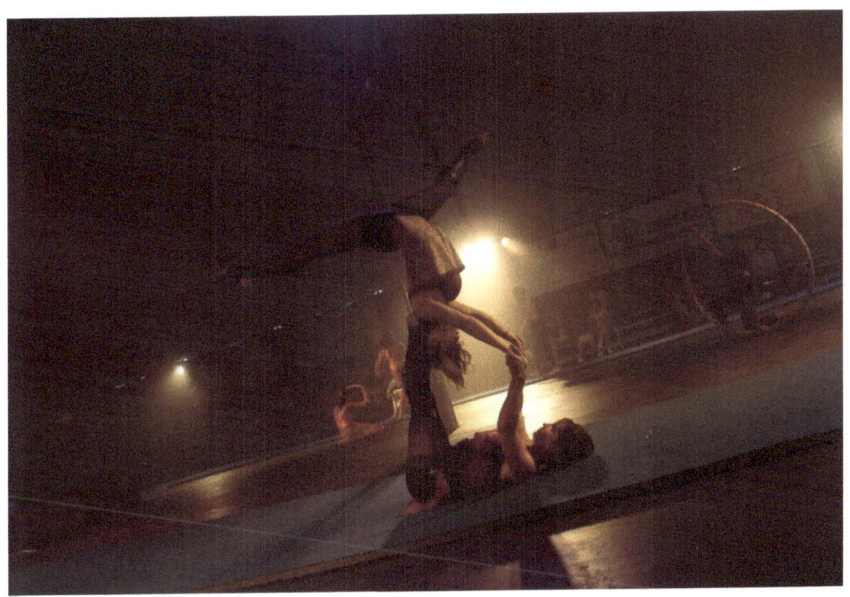

Dans une explosion de lumière, le groupe d'acrobates s'installe au-devant de la scène, là où il y a suffisamment de place pour présenter à la foule quelque chose de bien particulier : une pyramide humaine!

Pyramide humaine

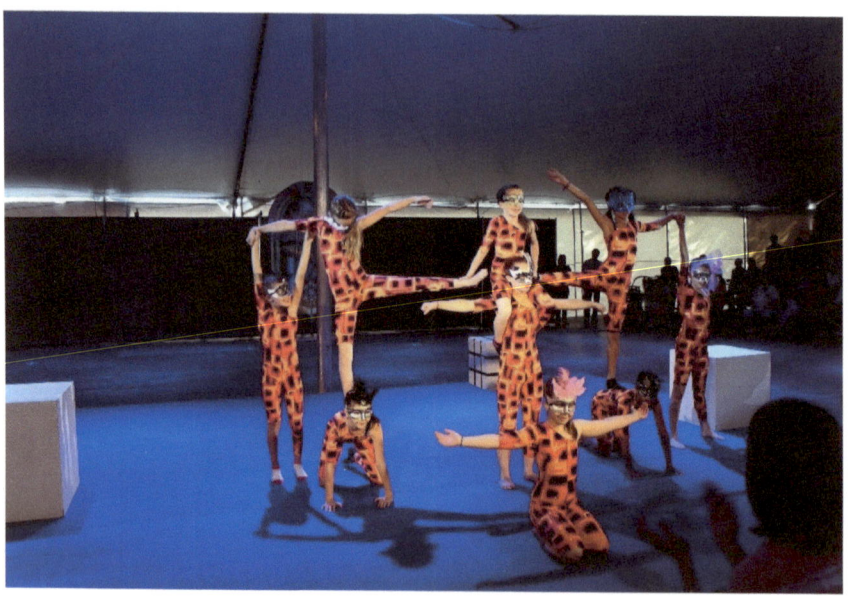

ENTRACTE

L'entracte est le moment pendant lequel la foule prend une pause. C'est, pour les artistes, le moment où l'on se prépare activement pour la suite (le maquillage, les costumes, les équipements et les encouragements aussi. Tout le monde peut être aussi fébrile que concentré.

La magie opère et c'est ce qui ramène très vite les gens à leur poste, prêts pour la suite. Raphaël et Rose n'y font pas exception: ils ont hâte que ça recommence!

Les artistes

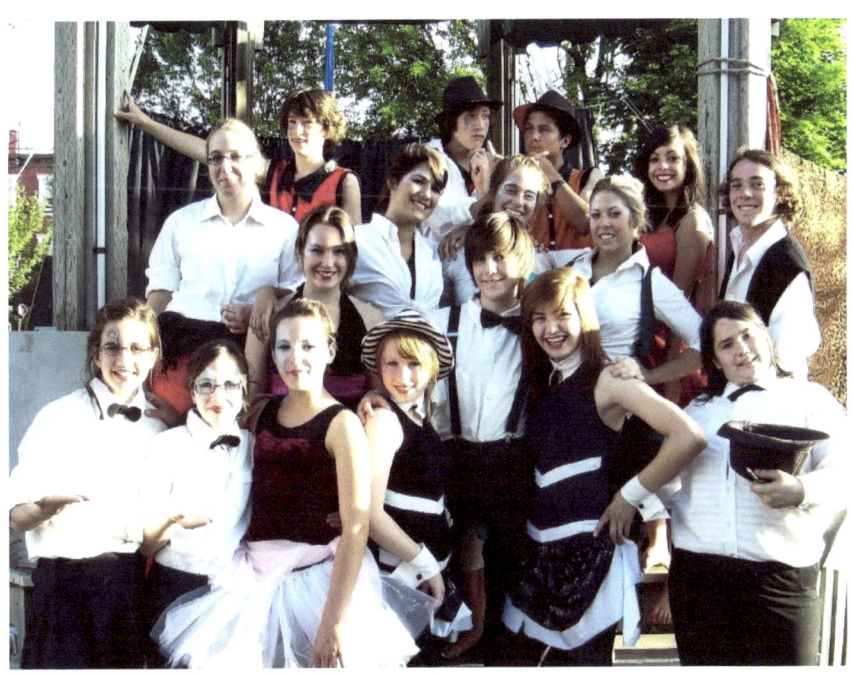

TRAMPOLINE

La trampoline, se dit Raphaël, est le saut vers la suite. Comme un bond dans le temps.

Ça pourrait être un saut de lapin, un saut de kangourou, un saut de sauterelle ou de grenouille et même un saut sans fin (on exagère un peu), mais il s'agit de bien plus que ça : la trampoline, c'est comme un saut à ressort!

Raphaël et Rose, maintenant côte à côte, ont des réactions bien curieuses : la tête de Raphaël semble faire *boing* chaque fois qu'un saut est exécuté alors que le visage de Rose semble figé par l'attention et la curiosité.

Les sauts et les figures se succèdent comme les artistes qui prennent le relais les uns des autres.

La trampoline, c'est comme un saut à ressort

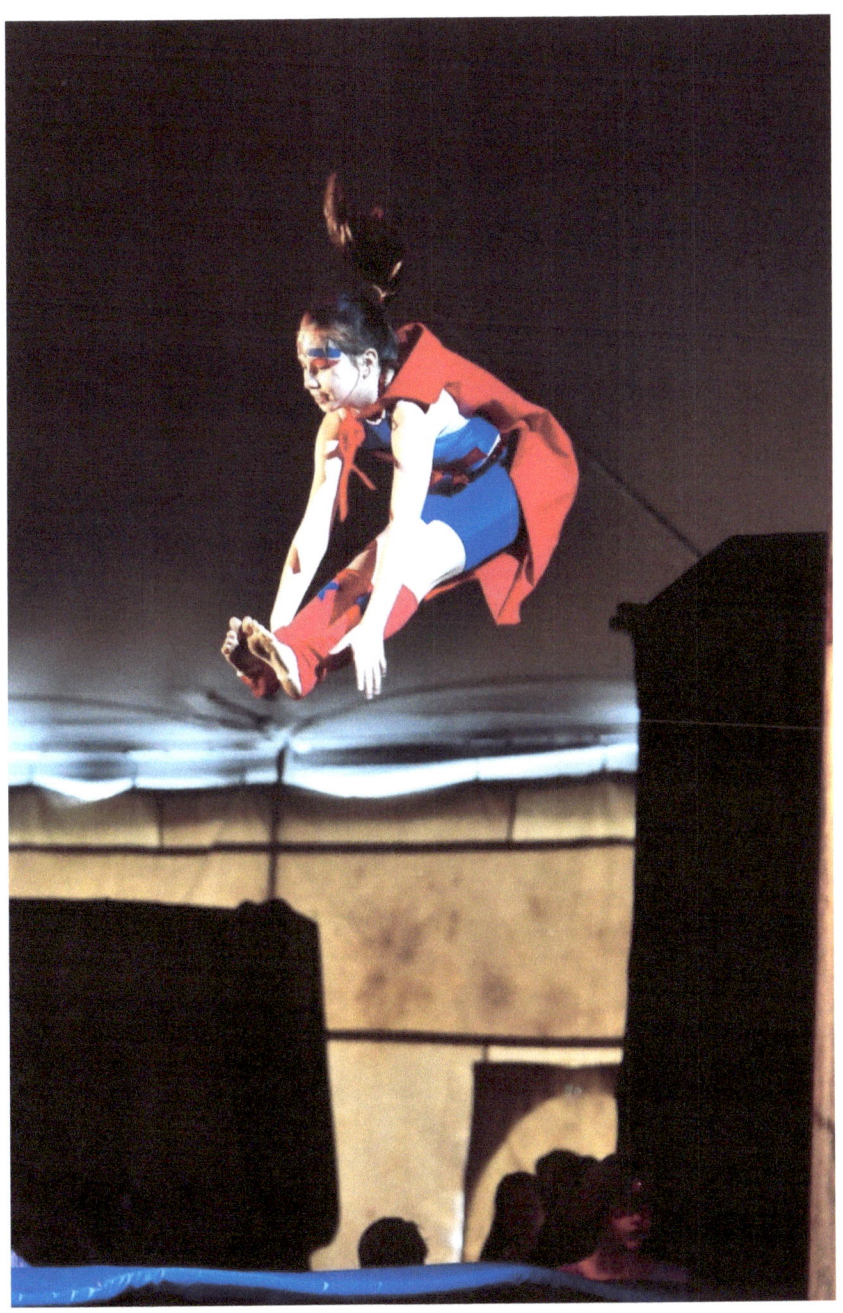

Dans un tollé d'applaudissements, quelques-uns d'entre eux s'élancent et font une vrille. D'autres tournoient et culbutent si rapidement, avec le rebond, qu'on peut à peine compter les sauts. La musique bat son plein, invitant les artistes, comme la foule, à suivre le rythme. Raphaël et Rose sont transportés par l'élan, par la vivacité et par les *boings* des artistes sur les trampolines.

DANSE

Puis, dans une vague de couleurs bleutées, des hommes et des femmes encerclent la scène. Comme un nuage qui s'évapore, ceux et celles qui se trouvaient sur les trampolines en descendent et s'éclipsent alors même qu'on les déplace.

La scène, dégagée, devient le théâtre de danseurs qui évoluent comme des étoiles. Rose et Raphaël se sentent émus. Raphaël emprunte d'ailleurs un mouchoir à Rose et, en faisant semblant de se moucher, s'essuie les yeux. Il se dit que tous les artistes de cirque ont un peu de cette énergie du danseur. Rose sourit doucement, tout aussi touchée. La souplesse et la finesse avec lesquelles les artistes se déplacent et se déposent impressionnent. C'est un peu ce qui rend chaque prestation magique : ça semble facile. Et pourtant…!

Les danseurs se regroupent au centre

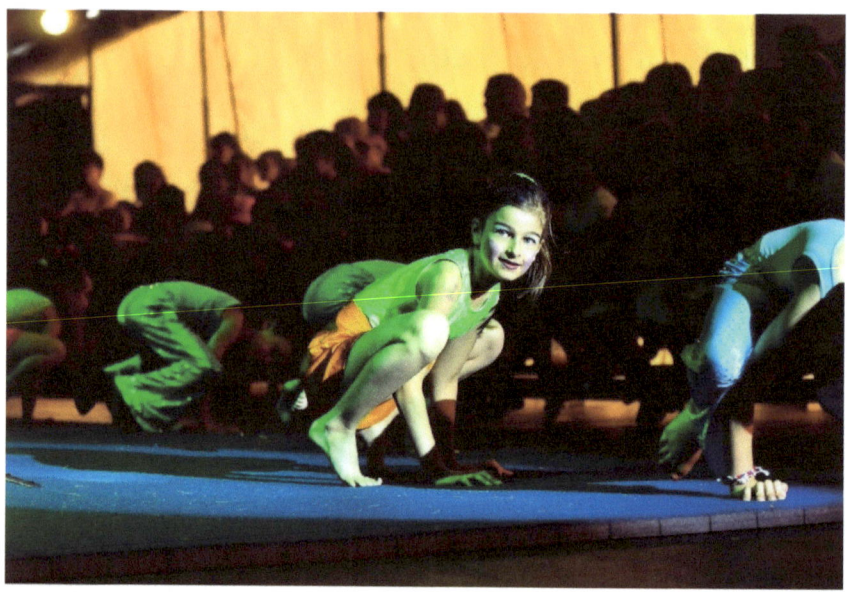

À l'unisson, les danseurs se regroupent au centre et se placent en une formation qui tient de la pyramide. C'est époustouflant!

CERCEAU

Au même moment, des cerceaux se pointent autour d'eux. Raphaël cherche ceux qui les ont installés des yeux. Ils semblent invisibles. Les danseurs se dirigent dans plusieurs directions différentes en enjambant ou en contournant les cerceaux, toujours aussi gracieux. La scène est libre et, encore une fois, Rose se dit qu'elle aimerait bien y accourir pour profiter de ces cerceaux.

Puis, la musique reprend ses airs, de façon un peu plus rythmée. Les artistes arrivent, comme des acteurs préparant un grand numéro. Ils utilisent les cerceaux comme des miroirs. Ils se regardent dedans. Les sons s'éteignent. Et, quand la musique se fait entendre à nouveau, un mot retentit : « Action »!

Isabelle et l'équipe du Cirque des Étoiles Memphrémagog

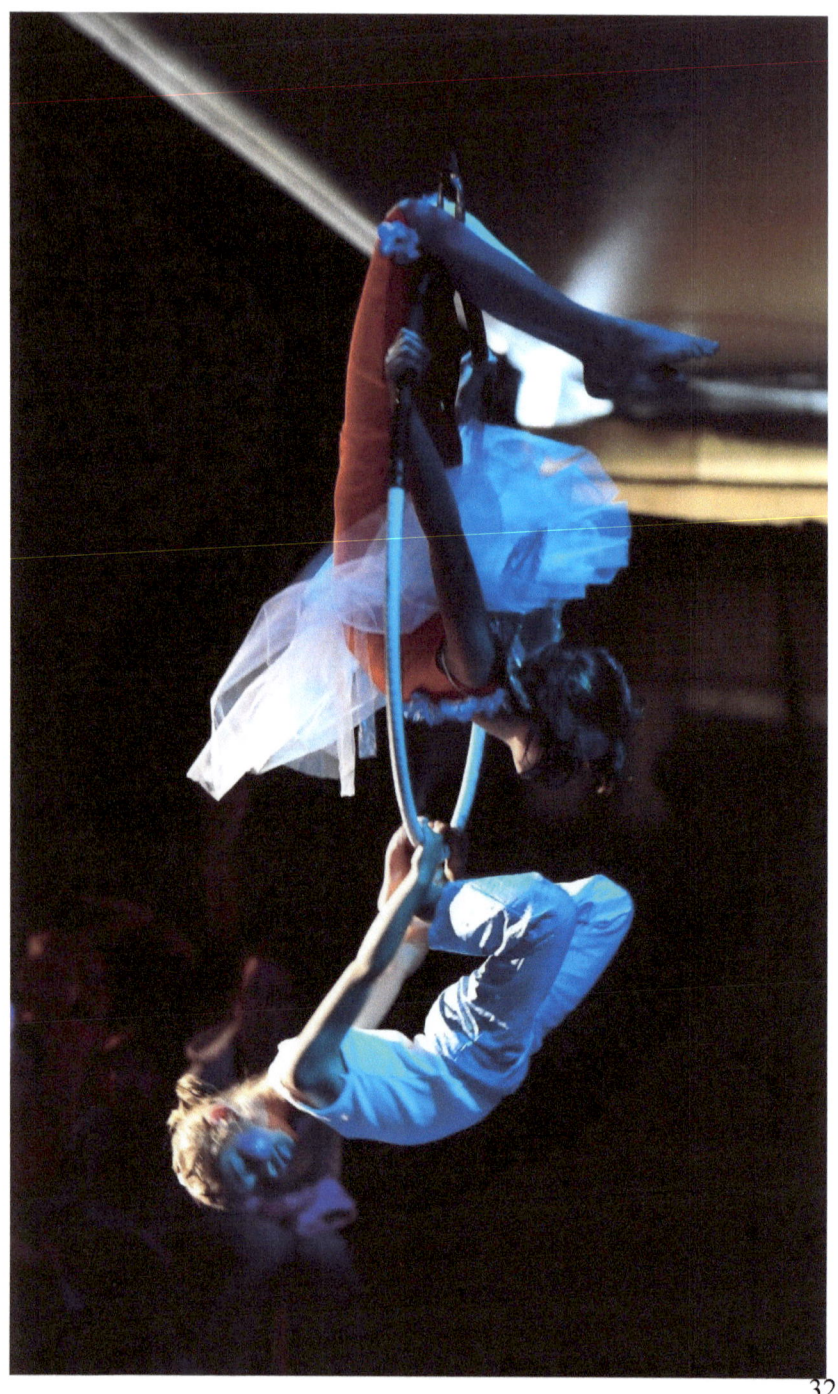

Devant les yeux ébahis de Raphaël et de Rose, les cerceaux deviennent une porte au travers de laquelle on passe, un anneau auquel on s'accroche, une balançoire, une structure sur laquelle on grimpe et à laquelle on se pend.

Les artistes tournoient et s'installent dans le cerceau avec beaucoup de légèreté. Ça semble presque confortable! Raphaël se promet d'ailleurs d'essayer un jour, pour le plaisir.

Chaque cerceau ressemble à une fleur qui s'épanouit : pour la finale, les artistes s'y accrochent tous, tendant le bras vers la foule. Les couleurs et les poses sont formidables, comme un jardin rempli de fleurs!

Chaque cerceau ressemble à une fleur

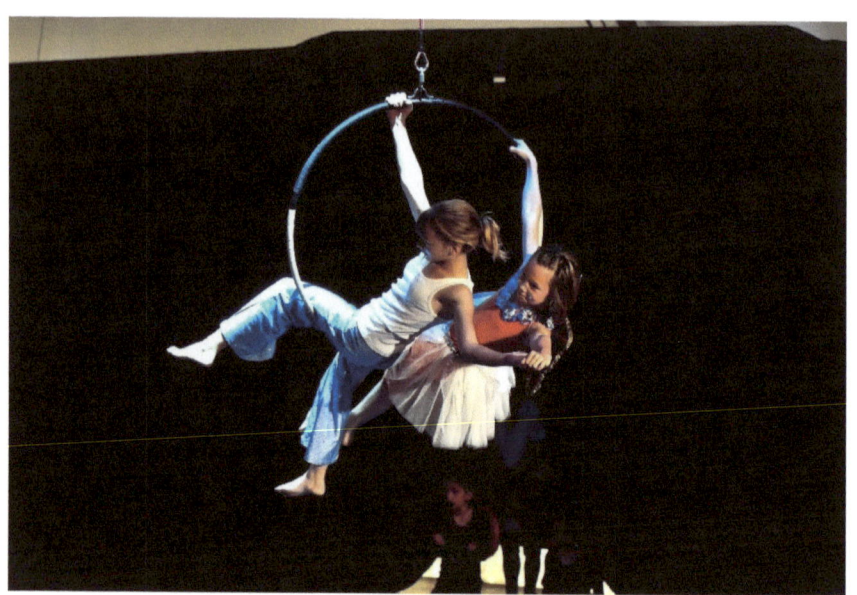

JONGLERIE/MONOCYCLE

C'est alors qu'arrivent les jardiniers...euh, la jonglerie! Les mains bien remplies, plusieurs personnages jonglent avec une habileté qui surprend. Pour Raphaël, c'est un exploit. Comment peut-on tenir autant d'objets, les projeter dans les airs et les rattraper sans les échapper? En répétant le mouvement en plus?! Les yeux sont rivés sur les mains et sur les expressions des artistes, qui, aux yeux de tous, semblent avoir huit mains chacun. C'est magique!

Ils jonglent avec habileté

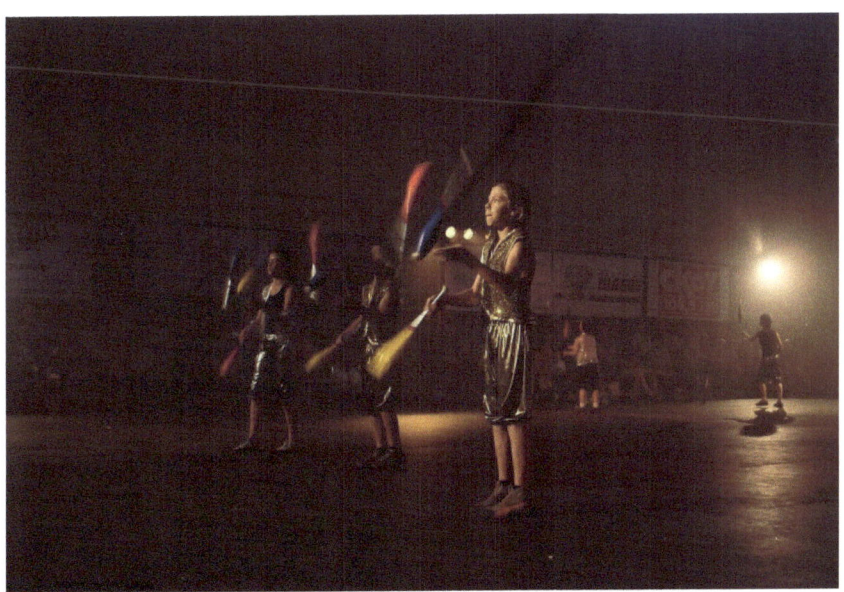

Les jongleurs sont accompagnés d'autres artistes, offrant un spectacle tout aussi spécial: une balade en monocycle...les mains pleines en plus! Raphaël se souvient bien de ses parents, lui interdisant de pédaler sans poser les mains sur le guidon de son vélo. Il fallait absolument que les deux mains soient sur le guidon et les deux roues, au sol. Ça l'exaspérait, autrefois, et il avait bien tenté de lever les mains une fois ou deux...mais c'est un secret!

Ce soir, il se sent ahuri de constater, en observant le numéro des artistes, qu'aucun des monocyles ne possède de guidon et que, comme l'indique leur nom, ils ne sont munis que d'une seule roue!

Une seule roue pour pédaler!

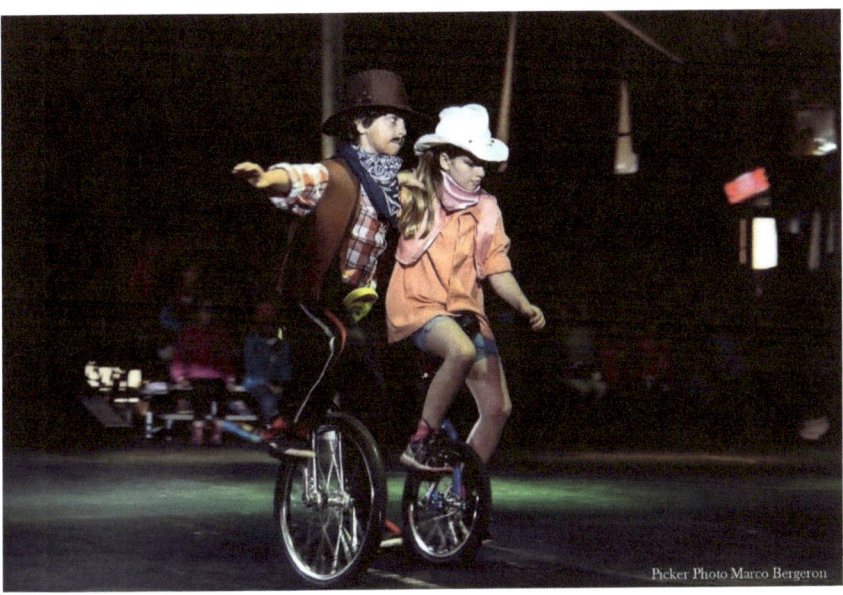

La notion d'équilibre, lui chuchote Rose, est quelque chose de très important pour les artistes. On peut vraiment le constater, en suivant du regard, les déplacements des artistes en monocycle, de ceux qui jonglent...et de ceux qui font parfois les deux simultanément!

TRAPÈZE BALLANT

La fin du spectacle approche et on sent bien que quelque chose de spécial se prépare. Même si tous les numéros ont une allure spectaculaire, le trapèze ballant continue de surprendre les gens.

Ce numéro en est un qui fait frissonner et qui crée un mouvement bien particulier, autant sur la scène que parmi les spectateurs.

Les yeux sont bien ouverts et souvent, la bouche aussi. Raphaël et Rose n'y font pas exception.

Le trapèze fait frissonner

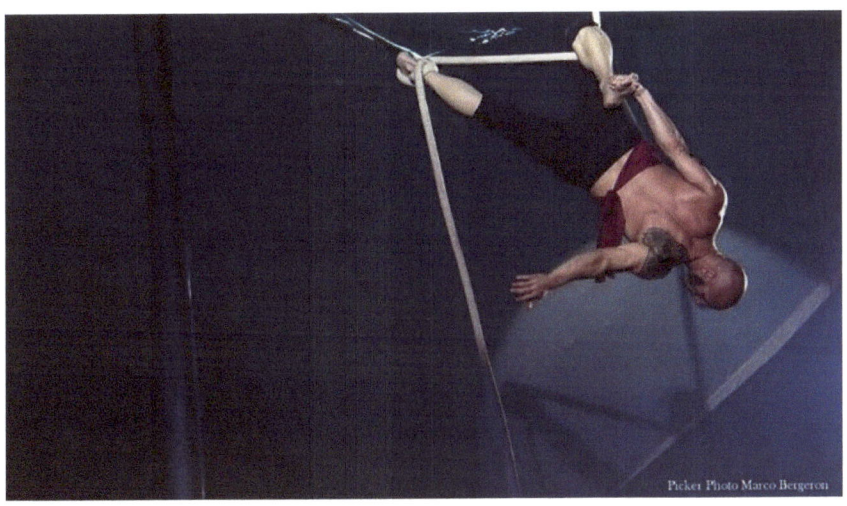

Pour Raphaël, c'est le théâtre d'un grand mystère, d'une magie qui donne envie d'avoir des ailes. C'est la première fois qu'il peut observer, juste devant lui, des gens se balancer sur un trapèze. Les gestes semblent légers et pourtant, on peut imaginer qu'ils demandent un effort particulier.

Une confiance aussi.

Chaque fois qu'un artiste s'élance vers le vide, Raphaël retient son souffle.

Pour Rose, le trapèze ballant est le lieu des grands airs et des airs de grands. L'opportunité d'avoir le vent dans les voiles, comme on dit, d'une façon un peu inhabituelle. Elle sait bien, d'expérience, que les entraînements, comme les représentations du cirque, demandent un effort soutenu. Elle peut voir, dans les postures des artistes, dans leurs corps et parfois aussi dans leurs sourires, qu'ils ont beaucoup travaillé pour en arriver là. Les élans, les sauts et les retours sur le trapèze ballant sont fabuleux.

Un mouvement fabuleux

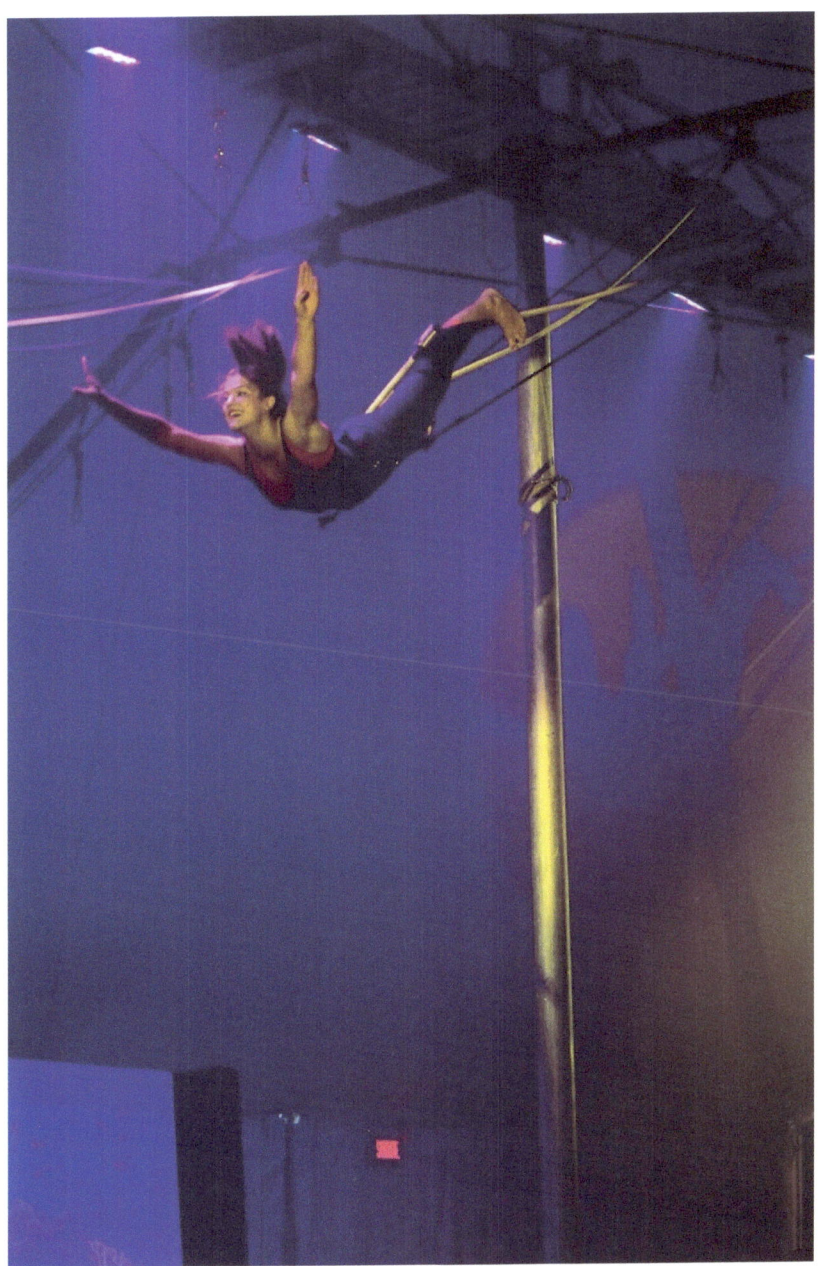

FINALE

Portés par cette énergie toute spéciale, les artistes, Raphaël, Rose et l'ensemble de la foule savourent cette finale bien particulière. C'est le dernier numéro de la représentation et, alors que la musique s'éteint, tous les artistes, les acrobates et les danseurs rejoignent les trapézistes au sol, sur la scène. Comme une grosse vague, ils saluent la foule.

Raphaël, comme Rose, s'empressent de bondir sur leurs chaises pour applaudir. La foule s'y met aussi et les applaudissements retentissent dans l'espace de spectacle. C'est magnifique! Et touchant aussi.

On parie qu'ils se souviendront de ce spectacle? Je crois même, mais ça c'est entre nous, que Raphaël envisage d'apprendre le cirque. Il se pourrait bien qu'il y croise Rose.

Quelle aventure!

Isabelle et l'équipe du Cirque des Étoiles Memphrémagog

Au bureau du Cirque

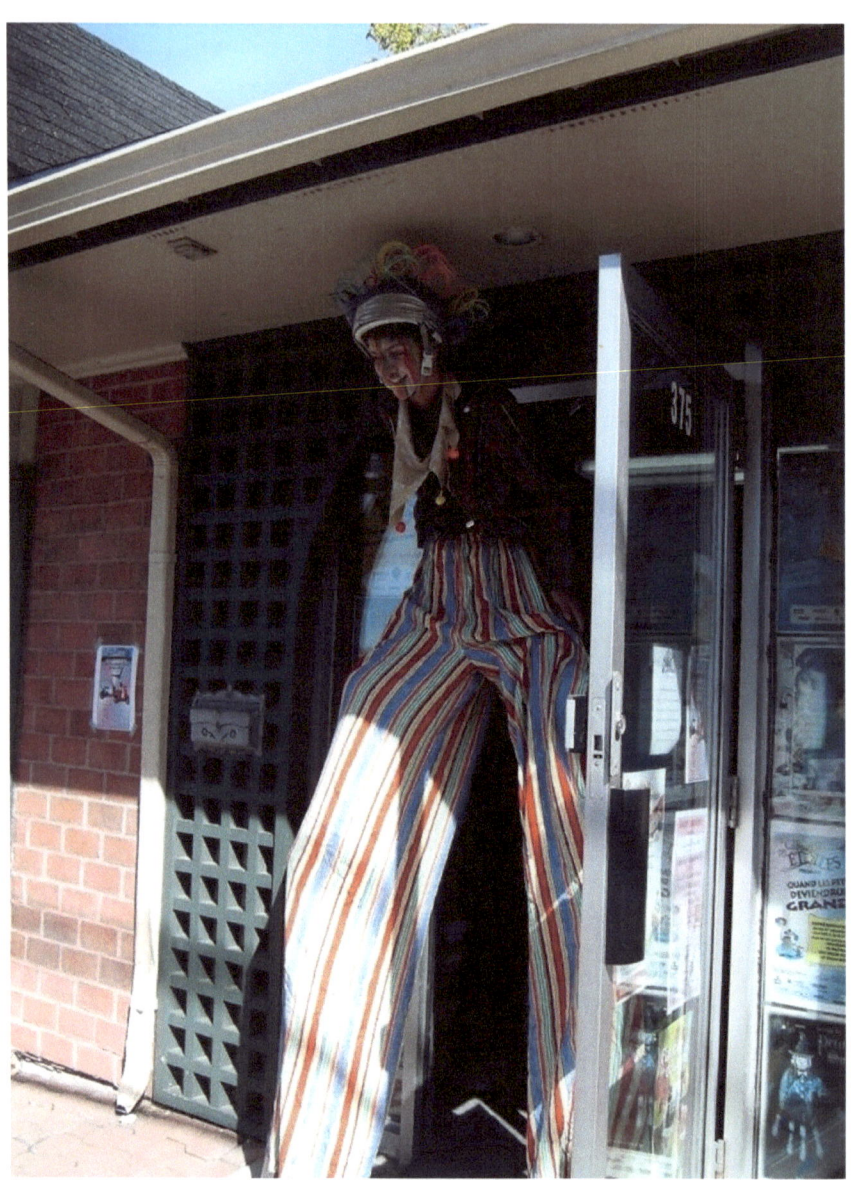

LA PETITE HISTOIRE DU CIRQUE DES ÉTOILES MEMPHRÉMAGOG

Le Cirque des Étoiles Memphrémagog existe depuis maintenant vingt ans. Il a grandi, au fil des années, en se développant et en se transformant. Il a été créé pour les enfants et a toujours continué de grandir parce que les enfants en étaient et en sont encore le cœur.

Le cirque n'est pas qu'un spectacle. C'est une aventure. C'est aussi le cadre qui permet de créer d'autres formes de cadres et même parfois de sortir des cadres. Le contenu et la magie de ce qu'on peut apprendre en faisant du cirque permet de s'amuser autant que d'acquérir des connaissances. C'est une porte ouverte sur la créativité.

Quand on parle de cirque, on parle d'équilibre. Dans le cirque comme dans la vie, l'équilibre peut fasciner et c'est avec persévérance qu'on arrive à l'établir.

Le Cirque des Étoiles est né de la volonté d'enseignants voulant offrir, aux jeunes de tous les milieux, un espace tout spécial. Un espace où il est possible de faire de l'activité physique, de créer et d'explorer ses talents.

Il est aussi propice à développer la confiance en soi et l'estime de soi et ça, à l'école, ça aide!

Le Cirque, c'est l'affaire des

- parents
- de l'école
- et de la communauté

pour les enfants!

Le Cirque, comme un magicien, transporte plein de trucs dans son chapeau. Il y place même des valeurs.

Les valeurs sont des aspects vraiment, vraiment importants dont on prend soin avec grande attention et que l'on souhaite partager avec ceux et celles que l'on côtoie.

Les valeurs du **Cirque des Étoiles Memphrémagog**

- L'autonomie, la motivation, l'estime de soi, la rigueur et la concentration;

- La créativité, la persévérance, l'accomplissement, la coopération et l'esprit d'équipe;

- La confiance, la passion, la fierté, le dépassement et le goût de l'effort;

- L'appartenance, l'engagement, l'entraide, le partage, le respect et la bienséance.

Les vingt dernières années du Cirque ont été remplies de surprises, de défis et de rebondissements. Souhaitons-en encore vingt autres, où il pourra devenir plus grand et surtout, aussi **coloré** que **vibrant**.

Parce que le Cirque, comme l'équilibre, c'est important!

À propos de l'auteure

Isabelle est une artiste, une auteure, une sportive et aussi une maman à l'imagination débordante. Elle aime les défis autant qu'elle adore créer. Son grand plaisir : savourer la vie!

À propos du Cirque des Étoiles Memphrémagog

Le Cirque des Étoiles Memphrémagog existe officiellement depuis 1998. Il offre une variété de cours aux élèves de niveau primaire et secondaire. Il souhaite faire grandir encore son équipe, ses ateliers et créer de nouvelles opportunités pour le plaisir des petits et des grands!

Autres titres parus :

- Pourquoi cours-tu?

    *Collection **Sports**, volume 1*

- Est-ce que tu grimpes?

    *Collection **Sports**, volume 2*

- Une maison pour toujours
- Est-ce que tu m'aimes vraiment?
- Et si je brillais?
- Permanent, indélébile, pour toujours et à jamais, encore et pour de vrai!
- Je t'aime - Open

Isabelle Bernier

isabellebernierconnexion@gmail.com

Orford-Magog, Québec

Isabelle et l'équipe du Cirque des Étoiles Memphrémagog

www.ingramcontent.com/pod-product-compliance
Lightning Source LLC
Chambersburg PA
CBHW040243220526
45473CB00001B/348